LA HAUTE BANQUE

SON ROLE DANS LA

Libération du Territoire Français

EN

1871-1872 & 1873

LA HAUTE BANQUE

SON ROLE DANS LA

Libération du Territoire Français

EN

1871-1872 & 1873

PAR

Léon BIZOUARNE

OFFICIER D'ACADÉMIE

EXPERT-COMPTABLE

COMMIS PRINCIPAL A LA BANQUE DE FRANCE

PROFESSEUR DE COMPTABILITÉ A L'ÉCOLE DES HAUTES ÉTUDES COMMERCIALES

ADMINISTRATEUR DE LA CAISSE D'ÉPARGNE DE PARIS

ADMINISTRATEUR TRÉSORIER DE LA SOCIÉTÉ MUNICIPALE DE SECOURS MUTUELS

DU 17ᵉ ARRONDISSEMENT DE PARIS

PARIS

Imprimerie et Librairie administratives et des Chemins de fer

PAUL DUPONT

4, rue du Bouloi, 4

—

1892

LA HAUTE BANQUE

SON ROLE DANS LA

LIBÉRATION DU TERRITOIRE FRANÇAIS

EN

1871-1872 & 1873

Après les malheureux événements de 1870 et en pleine période insurrectionnelle, fut signé, le 10 mai 1871, le traité de Francfort dont l'art. 7 nous imposait le paiement d'une indemnité de guerre des plus considérables.

Cette rançon devait être ainsi réglée :

90 jours après le rétablissement
de l'ordre dans Paris . . . . 500 Millions
Dans le courant de l'année 1871   1 Milliard
Le 1ᵉʳ mai 1872 . . . . 500 Millions
Le 2 mai 1874. . . . . 3 Milliards

Devaient en outre être payés le 3 mars de chaque année les intérêts au taux de 5 o[o l'an, sur les trois derniers milliards.

Près de trente départements étaient encore

occupés par les armées allemandes qui ne compre-
naient pas moins de cinq cent mille hommes.

L'existence et la nourriture de ces masses
considérables restaient à la charge du Trésor
français.

La France, avec ses finances épuisées et une
situation économique gravement compromise et
pleine de périls pour l'avenir, avait non seulement
à reconstituer son matériel des armées de terre et
de mer, à indemniser les communes et les particu-
liers des dommages causés par la guerre, mais
encore à payer cette indemnité de guerre qui
représentait une part bien large de sa fortune.
M. Jules Roche, rapporteur général du budget de
1886, évalua ainsi les charges de la guerre de
1870-1871 qui pèsent sur notre dette publique :

Sur la dette perpétuelle . .   8.241.708.966 fr.
Sur la dette remboursable   2.638.476.213   »
                              ————————————
Soit donc un total de . . .   10.880.185.179   »
près de onze milliards !

Les sommes auxquelles la France eut à faire
face et qui étaient exigibles d'après le traité de
Francfort s'élevèrent à 6 milliards 57 millions, se
décomposant ainsi :

Capital de l'indemnité de guerre   5.000.000.000
Paiement des intérêts à l'Alle-
magne sur l'indemnité de guerre   301.000.000
Versement au compte de liqui-
dation 149.000.000

Versement en recettes au bud-
get de l'exercice (Année 1872). .   55.000.000
Frais de change pour la réalisa-
tion des paiements à l'Allemagne.   86.800.000
Frais de personnel, de matériel,
d'escompte et de commission
relatifs aux emprunts. 175.250.000
Contributions de guerre impo-
sées par l'Allemagne à diverses
villes de France. 290.000.000

Total. . .   6.057.050.000

Vers la fin de l'année 1870, dans le courant
du mois d'octobre, fut négocié par MM. Laurier
et de Germiny, délégués du Gouvernement
français, un emprunt de 209 millions avec la
maison anglaise S. Morgan et Cie.

Ces 209 millions furent compris dans le
chap. V du budget des dépenses et dans les
capitaux remboursables aux mêmes titres que
les avances consenties par la Banque de France
au Gouvernement de la Défense nationale pendant la guerre, qui s'élevaient en juin 1871 à
la somme de 1 milliard 530 millions.

La dette de la France s'étant augmentée par
le fait de la guerre de la somme de 10 milliards 880 millions, dans laquelle se trouvait
compris pour 6 milliards 57 millions le montant
des indemnités de guerre ; il en résulte que

les dépenses intérieures de guerre, de 1871 à
1886, non soldées par le budget des dépenses
annuelles, s'élèvent à 4 milliards 823 millions.

M. Thiers avait proposé de rembourser les
avances consenties par la Banque par la créa-
tion, au budget des dépenses, d'un chapitre spé-
cial d'amortissement auquel seraient fournis
chaque année 200 millions.

Ce compte fonctionna quelques années, puis,
peu à peu, les 200 millions figurèrent pour une
somme moindre, réduite à chaque budget :
finalement ce chapitre de prévoyance disparut
complètement de notre comptabilité publique.

La suppression de ce compte fut une faute
financière, car son maintien aurait évité les
dégrèvements ; l'équilibre budgétaire aurait été
ainsi conservé ; notre dette de 1870-1871 serait
aujourd'hui amortie.

La France, mise à contribution avec une ri-
gueur inaccoutumée, devait dans l'espace de
trois années payer 6 milliards 57 millions.

Il a fallu la toute-puissance de la Haute
Banque pour mener à bien une telle opération
où aurait pu sombrer notre crédit national.

Ce qu'il fallait éviter, c'était une crise monétaire : inévitablement elle se fût produite si
cette vaste opération du paiement de 6 milliards
avait été livrée à des mains inhabiles et inex-

périmentées dans les questions de crédit et de change international ; la France n'aurait alors que péniblement tenu ses engagements ou tout au moins retardé, pour une période plus ou moins longue, la libération complète de son territoire.

Comment un tel mouvement de numéraire pouvait-il se produire sans amener de crise monétaire ?

C'est alors que se manifestèrent non seulement le génie financier de la Haute Banque, mais encore ses ressources inépuisables et sa science profonde de la vie économique des nations.

Par son patriotisme, la Haute Banque évita à notre pays d'irréparables désastres. Elle seconda M. Thiers dans l'exécution de cette opération financière sans exemple et permit ainsi, au premier magistrat de notre jeune République, de montrer à l'Europe étonnée les ressources toujours inépuisables de la France surprise mais non terrassée.

Le paiement de l'indemnité de guerre pouvait être effectué sous diverses formes, soit en or, argent ou billets à ordre et lettres de change négociables, tirées sur l'Angleterre ou sur l'Allemagne, ou sur la Hollande, ou sur la Belgique.

La première partie de l'exécution du plan financier fut l'émission, par souscriptions publiques, des deux emprunts en Rente perpétuelle 5 o/o.

Le premier de ces emprunts, émis le 20 juin 1871, d'une valeur de 2 milliards, fut souscrit pour 5 milliards.

Le second emprunt, émis le 20 juillet 1872, d'une valeur de 3 milliards, fut souscrit pour 44 milliards : l'étranger y figurait pour 26 milliards.

Ces deux appels à la nation pour une somme de 5 milliards et auxquels l'Europe même répondit par une offre de 49 milliards, démontrent suffisamment la confiance qu'inspirait la France malgré sa défaite.

Le capital réalisé sur ces deux emprunts fut de 5 milliards 732 millions.

En vertu du traité de Francfort, 325 millions furent déduits de l'indemnité de guerre, cette somme représentant les droits de la Compagnie des chemins de fer de l'Est sur les lignes comprises dans les territoires que l'Allemagne s'était attribués.

La Compagnie des chemins de fer de l'Est fut dédommagée de cette perte d'exploitation par une indemnité annuelle de 20 millions 500.000 francs, que lui sert le Gouvernement français jusqu'à l'expiration de sa concession.

Le produit des deux emprunts..	5.732.000.000
et la valeur des lignes de l'Est...	325.000.000
	6.057.000.000

nous représentent bien exactement les ressources qui permirent à la France de payer ses indemnités dans l'espace de trois années.

Les deux emprunts souscrits, le Trésor français avait deux sortes de débiteurs parmi ses souscripteurs :

Le souscripteur français et le souscripteur étranger.

Le souscripteur français inquiétait M. Thiers, car la France était épuisée.

Les versements de ces souscripteurs pourraient-ils s'effectuer à l'époque convenue ?

Substituer l'État aux souscripteurs par une intervention du Trésor à la Bourse par reports de rentes, il n'y fallait pas songer. M. Thiers connaissait trop les résultats désastreux qu'eurent ces diverses interventions en 1818 et 1828 pour recommencer en 1872 les mêmes errements.

Ce qu'il fallait, c'était retenir les capitaux en France. Voici comment M. Léon Say explique l'intervention du Trésor français à la Bourse pendant l'année 1872 :

« M. Thiers voulut s'assurer si la crise que l'on
« craignait avait pour cause la pénurie réelle des
« capitaux ou la nécessité d'une élévation du taux
« de l'intérêt qu'il fallait courageusement accepter.
« La solidarité de plus en plus étroite des marchés
« du monde entier, qui venait d'être resserrée

« encore par la souscription des grands emprunts,
« permettait d'espérer qu'une légère hausse du
« taux de l'intérêt suffirait à maintenir dans les
« affaires françaises les capitaux qui nous étaient
« nécessaires et pouvaient aisément affluer, on
« l'espérait du moins, de toutes les parties du
« monde.

« C'était quelques jours avant mon entrée aux
« affaires ; mon ami Teisserenc de Bort faisait en
« ce moment l'intérim du ministère des finances ;
« il reçut du Chef de l'État pour instructions d'in-
« tervenir au besoin, mais de n'intervenir que si,
« malgré une hausse dans le taux de l'intérêt, les
« capitaux privés étaient insuffisants pour conti-
« nuer les opérations engagées. La limite du taux
« au delà duquel on devait agir était restée un
« secret entre M. Thiers et son fidèle collaborateur.
« M. Teisserenc de Bort m'a raconté avec quelle
« anxiété il attendait dans une maison voisine de
« la Bourse qu'on lui fît connaître les cours du
« report, c'est-à-dire le taux de l'intérêt. Mais le
« simple bruit qui s'était répandu d'une interven-
« tion probable avait produit son effet ; quand le
« taux de l'intérêt atteignit une hauteur convena-
« ble, les capitaux privés, craignant, par une
« attente plus prolongée, de faire surgir la con-
« currence du Trésor, se présentèrent en masse,
« et M. Teisserenc de Bort put revenir au minis-
« tère des finances sans avoir eu à faire usage des

« fonds que M. Thiers l'avait autorisé à mettre en
« report (1). »

Les emprunts souscrits, c'est à la Haute Banque
qu'appartenait ce soin de veiller à l'exécution de
la seconde partie du plan financier.

Comment payer l'Allemagne sans atteindre
notre situation monétaire ?

La difficulté de cette vaste opération financière fut ainsi définie par M. Thiers à l'Assemblée
nationale :

« La difficulté de l'opération, disait-il, un
« jour à l'Assemblée nationale, savez-vous où
« elle est ?

« Elle est dans le transport de ces valeurs
« énormes hors de Paris.

« Si nous voulions les transporter en numé-
« raire, nous avons à la Banque 600 ou 700
« millions de numéraire (septembre 1871), nous
« produirions sur-le-champ une crise moné-
« taire effroyable. Nous ne pouvons les trans-
« porter en marchandises, cela ne dépend pas
« de nous ; nous ne faisons pas le commerce
« de ce qu'on appelle des traites de place à
« place. Or, ces traites expriment quoi ? Le
« commerce réel ; nous vendons aux Allemands,

(1) Le report est le prix payé par l'acheteur qui fait reporter à
un terme plus éloigné le règlement de son achat.

Ce prix est payé à un tiers, qui prend livraison aux lieu et place
de l'acheteur, et garde les titres dont il a fourni les fonds, jusqu'à
l'échéance du nouveau terme.

« ils nous vendent à nous, nous vendons aux
« Anglais et ils nous vendent à nous, et le papier
« qu'on appelle traite, et qui sert à porter les
« valeurs d'un pays dans un autre, doit reposer
« sur un commerce réel et sérieux.

« Croyez-vous que nous ayons avec l'Alle-
« magne un commerce suffisant pour trouver
« 12 à 1500 millions de traites ? Non ; nous
« nous servons du crédit qui repose sur le
« commerce de la France avec l'Allemagne,
« mais nous avons été obligés de nous servir
« du crédit, par exemple, de la France sur l'An-
« gleterre et de l'Angleterre sur l'Allemagne ;
« nous prenons du papier sur Londres pour
« trouver à Londres du papier sur Berlin. »

Le but à atteindre était donc de laisser en
France la plus grande quantité de monnaie d'or
et d'argent ; pour cela nous ne devions nous
libérer qu'avec des lettres de change payables
sur les pays désignés dans le traité de libération.

Pour obtenir ces traites, il fallait les acheter
et éviter, par suite de ces achats si considérables, une hausse du change (1) qui nous aurait
été des plus désastreuses. M. Thiers, d'accord
avec la Haute Banque, créa un grand syndicat
financier international, véritable syndicat de

(1) **Change.** — Le change est la différence qui existe entre la
valeur d'un effet de commerce sur la place où il est payable et le
prix auquel cet effet trouve preneur sur une autre place.

garantie contre l'élévation du cours du change.

Cinquante-cinq grandes maisons de banque d'Europe, groupant autour d'elles des syndicats secondaires, avaient souscrit en grande partie les deux emprunts et étaient devenues, par ce fait, *débiteurs* vis-à-vis de la France, le public français n'ayant pas obtenu dans la répartition la totalité de l'emprunt qu'il avait souscrit.

Cette répartition en faveur de l'étranger fut la base principale du plan qui devait nous assurer la rentrée régulière des versements et nous garantir contre la hausse du change.

La réalisation des 6 milliards 57 millions eut lieu comme il suit :

En billets de la Banque de France	125.000.000
En monnaies d'or françaises . .	273.000.000
En — d'argent — .	239.000.000
En billets de banque allemands et en monnaies allemandes. . . .	847.000.000
En lettres de change.	4.248.000.000
En compensation par valeur des lignes de l'Est concédées . .	325.000.000
Total. . . .	6.057.000.000

Le paiement en lettres de change offrit la plus grande difficulté, on avait toujours à craindre l'élévation du change et, par suite, une augmentation considérable de notre dette à payer.

On imposa donc au syndicat de garantie la fourniture de 700 millions de francs de changes étrangers à des taux fixés par avance.

On évitait ainsi une hausse du change puisque les banquiers étaient intéressés à son maintien dans les cours déterminés.

Pour faciliter les souscripteurs étrangers des deux emprunts dont le montant de répartition s'élevait à 1 milliard 780 millions, on reçut, en acquit des versements, des valeurs étrangères à un cours supérieur au cours réel.

La livre sterling, le thaler et le florin furent acceptés avec prime : on accordait aux correspondants du Gouvernement français à l'étranger une commission s'élevant jusqu'à 1/2 o/o.

Les banquiers ont acheté dans le monde entier toutes les traites pouvant exister en 1871, 1872 et 1873 sur l'Allemagne pour les revendre ensuite au Gouvernement français.

Ces banquiers, pendant ces trois années, employèrent tous leurs capitaux aux opérations de l'emprunt; il s'établit ainsi entre les diverses banques étrangères une véritable opération collective.

Le Gouvernement français faisait encaisser à l'échéance, par les banquiers appartenant au syndicat, les lettres de change sur Londres,

Bruxelles, Francfort, Berlin; ils en tenaient les fonds à la disposition du Trésor jusqu'au jour de leur remise au Gouvernement allemand.

La Banque de France, à son tour, avança au Trésor français partie des versements en retard, lesquels lui furent remboursés.

Un des facteurs puissants qui exerça une grande influence sur la facilité des achats de change sur l'étranger fut notre situation de créanciers de divers États de l'Europe comme détenteurs de titres de rentes et chemins de fer étrangers.

Le produit de la vente de ces valeurs put être facilement transformé en monnaies étrangères ou en papiers étrangers, ce qui permit aux souscripteurs détenteurs de ces valeurs de s'acquitter en valeurs *libératoires*.

Tel fut le rôle joué par la Haute Banque; elle assura dans le monde entier la rentrée intégrale des emprunts souscrits et la régularité des paiements à l'Allemagne *sans transports de monnaies*.

Par cette savante combinaison d'achats de lettres de change et de syndicats de banquiers européens, sur les 6 milliards que nous devions payer, 123 millions d'or seulement furent retirés de notre circulation monétaire.

La France, de ses propres ressources, avait bien souscrit l'emprunt, mais on ne pouvait le lui répartir en entier, car le paiement des versements ne se serait pas effectué en monnaies libératoires acceptées par l'Allemagne ; le stock d'or et d'argent disponible et en circulation ne pouvait le permettre sans une formidable crise monétaire.

Que fit cette Haute Finance si estimée de la grande industrie et du haut commerce et si méconnue du public en général ?

Elle souscrivit l'emprunt et, par sa puissance, maintint à peu près égal, pendant toute la durée des versements, le taux du change.

N'oublions pas que c'est la maison de Rothschild qui fut mise à la tête du vaste syndicat qu'elle dirigea vers le but à acccomplir :

Libérer le plus tôt possible le territoire français.

On remarque donc que seules, les lettres de change servirent à l'acquittement de la presque totalité de notre dette.

Sur les 273 millions d'or français, 150 millions ont été fournis par la Banque de France et 123 par le Trésor français, par suite de retrait de la circulation.

Les monnaies allemandes provenaient en partie de celles introduites en France par les armées ennemies.

Vers la fin de l'année 1872, M. Thiers fit venir M. Léon Say dans son cabinet et lui demanda quelle somme en monnaies ou valeurs étrangères il pouvait tenir à sa disposition dans le courant de l'année 1873, et cela par mois, pour les besoins de la libération.

M. Léon Say, sous sa responsabilité, prit l'engagement de fournir par mois, à M. Thiers, 250 millions jusqu'à complète libération.

Par traité du 15 mars 1873, furent signées les conditions de libération du territoire ; Belfort et les quatre départements occupés par les armées allemandes devaient être évacués le 5 août, Verdun et son territoire le 5 septembre suivant. La France s'engageait, par contre, à verser le solde du quatrième milliard pour le 10 mai et le cinquième milliard, y compris les intérêts, par quatre paiements mensuels les 5 juin, 5 juillet, 5 août et 5 septembre.

Le 5 septembre 1873 fut la date du dernier versement.

Notre pays avait fait face à tous ses engagements, il les avait même devancés de plusieurs mois.

Souvenons-nous que c'est encore la Haute Banque qui, dans ces dernières années, sauva également le commerce parisien d'une crise sans précédent ; son intervention dans la liquidation du Comptoir d'Escompte de Paris assura la restitution de tous les dépôts.

Une telle puissance qui ne se manifeste que pour la sauvegarde des intérêts publics ne doit

pas être méconnue, elle doit être respectée et
défendue, elle est une garantie, au grand jour
de la lutte pour l'existence, de la possession
de notre Trésor de guerre.

Paris. — Décembre 1891.

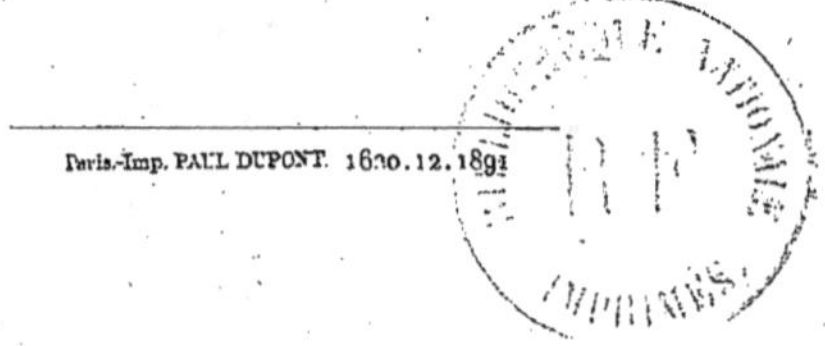

Paris.-Imp. PAUL DUPONT. 1620.12.1891